Para:

José A. Rodriquez

«Pero ahora, así dice el SEÑOR ...
le he llamado por tu nombre; tú eres mío».

Isaías 43:1 (NVI)

De:

" Tony " 10/25/04

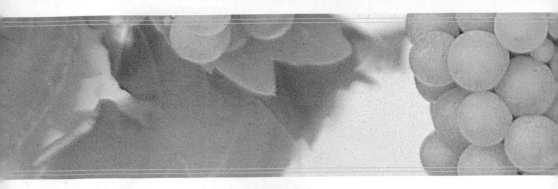

La misión de Editorial Vida es proporcionar los recursos necesarios a fin de alcanzar a las personas para Jesucristo y ayudarlas a crecer en su fe.

MEDITACIONES ACERCA DE UNA VIDA CON PROPÓSITO
©2004 Editorial Vida
Miami, Florida

Publicado en inglés bajo el título:
Meditations on the Purpose-Driven Life
©2002 por Rick Warren

Traducción: *Marcela Robaina*
Edición: *Madeline Díaz*
Arte y Diseño: *Koechel Peterson & Associates, Inc., Minneapolis, MN*

ISBN: 0-8297-3967-X

Categoría: Vida cristiana / Inspiracional

Impreso en China
Printed in China

04 05 06 07 08 09 /HK/ 07 06 05 04 03

MEDITACIONES *acerca de* UNA VIDA CON PROPÓSITO

Fuiste planeado para agradar a Dios

Por Rick Warren

«¿POR QUÉ EXISTO?»

«¿PARA QUÉ ESTOY AQUÍ?»

«¿CUÁL ES MI PROPÓSITO?»

ESTAS SON LAS PREGUNTAS FUNDAMENTALES que puedes hacerte en esta vida. ¿Alguna vez te las has planteado, preguntándote dónde podrías encontrar la respuesta? La verdad es que fuiste creado por Dios y para Dios, y hasta que no lo entiendas, tu vida no tendrá ningún sentido. Dios nunca creó nada sin un propósito. En Colosenses 1:16 leemos:

TIENES UN PROPÓSITO

Porque todo, absolutamente todo en el cielo y en la tierra, visible e invisible... todo comenzó en él y para los propósitos de él. (PAR)

¡Si estás vivo es porque Dios tiene un propósito para tu vida!

Y no te creó para tener un solo propósito. La Palabra de Dios, la Biblia, dice que fuiste creado por cinco razones especiales. Este pequeño libro te ayudará a comprender por qué estás vivo, por qué atraviesas circunstancias difíciles, y lo que Dios tiene planeado para que hagas con tu vida.

FUISTE PLANEADO
para AGRADAR A DIOS

Porque tú [Dios] creaste todas las cosas;

existen y fueron creadas

para ser de tu agrado.

Apocalipsis 4:11 (PAR)

LA BIBLIA NOS DICE QUE DIOS ES AMOR. No dice que Dios *tiene* amor, ¡sino que Dios *es* amor! El amor es la esencia del carácter divino. Dios te creó para expresarte su amor. Te hizo para amarte: ese es tu primer propósito. Dios no necesitaba amarte. No se sentía solo. No necesitaba sirvientes. No estaba aburrido. Dios creó a los seres humanos porque quería amarnos. Fuimos planeados para agradarlo.

Porque el SEÑOR se complace en su pueblo.

Salmo 149:4 (NVI)

DIOS NOS HIZO A SU IMAGEN.
Esto implica que no hay nada semejante a
nosotros en toda la creación. Somos los únicos a
los que se les ha dado la capacidad de conocer y
amar a Dios, porque él nos conoce y nos ama.

Y Dios creó al ser humano a su imagen;

lo creó a imagen de Dios.

Hombre y mujer los creó.

Génesis 1:27 (NVI)

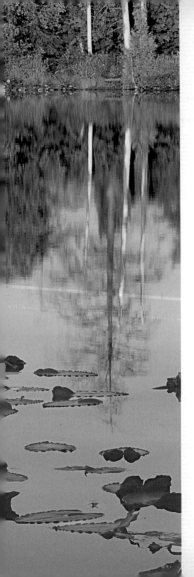

El Dios que hizo el mundo y todo lo que hay en él es Señor del cielo y de la tierra. No vive en templos construidos por hombres, ni se deja servir por manos humanas, como si necesitara de algo. Por el contrario, él es quien da a todos la vida, el aliento y todas las cosas. De un solo hombre hizo todas las naciones para que habitaran toda la tierra; y determinó los períodos de su historia y las fronteras de sus territorios. Esto lo hizo Dios para que todos lo busquen y, aunque sea a tientas, lo encuentren. En verdad, él no está lejos de ninguno de nosotros, «puesto que en él vivimos, nos movemos y existimos». Hechos 17:24-28 (NVI)

EL PRIMER PROPÓSITO DE TU VIDA es conocer y amar a Dios, porque eso agrada al Señor.

Lo más importante que debes saber es que Dios te ama.

Se me apareció el Señor y me dijo: «Con amor eterno te he amado;
por eso te sigo con fidelidad».
Jeremías 31:3 (NVI)

Lo más importante que debes hacer en la vida es corresponder a ese amor.

«Ama al Señor tu Dios con todo tu corazón,
con toda tu alma y con toda tu mente» ...
Éste es el primero y el más importante de los mandamientos.
Mateo 22:37-38 (NVI)

Dios sabe todo acerca de ti y aun te ama. Su deseo más profundo es que también lo conozcas y le ames.

Porque más me deleito
en la lealtad que en el sacrificio
y más en el conocimiento de Dios
que en los holocaustos.

Oseas 6:6 (BAD)

En vez de intentar hacer y decir todo lo debido para merecer el amor de Dios, necesitas entender que Dios ya te ama. Basta con que aprendas a corresponder a su amor.

Dios quiere ayudarte a que lo conozcas y le ames más. Solo debes pedírselo, quizá con una oración como la siguiente:

Dios, de no hacer ninguna otra cosa hoy, ayúdame a conocerte y amarte un poco más que ayer. Si al caer la noche te conozco y te amo un poco más, mi día no habrá sido en vano. Por otra parte, haya hecho o dejado de hacer cualquier cosa, si no cumplí el primer propósito de mi vida, mi día no habrá valido la pena. Ayúdame, Padre, a conocerte y amarte más.

TU REALIZACIÓN PERSONAL

QUIZÁ HAYAS INTENTADO encontrar el propósito de tu vida a través de tu profesión, tus logros, o una relación. Estas cosas por sí solas no constituyen tu propósito, a pesar de cuán maravilloso y realizado te hagan sentir. Fuiste creado para mucho más. Fuiste creado para vivir eternamente.

Por medio de Cristo, Dios nos había elegido desde un principio para que fuéramos suyos y recibiéramos todo lo que él había prometido. Así lo había decidido Dios, quien siempre lleva a cabo sus planes. Efesios 1:11 (BLS)

EL PRIMER PROPÓSITO DE TU VIDA debe ser agradar a Dios y vivir para complacerlo. Cuando logres entender completamente esta verdad, nunca más será un problema para ti el sentirte insignificante. Esta es la prueba de cuánto vales. Si Dios te creó para amarte y te considera lo suficientemente valioso como para que lo acompañes por toda la eternidad, ¿qué significado mayor podrías tener?

El Señor cumplirá en mí su propósito.
Tu gran amor, SEÑOR, perdura para siempre.
Salmo 138:8 (NVI)

Cuando amamos a Dios, deseamos expresarlo. La Biblia llama a esto adoración. La adoración es mucho más que orar o cantar en la iglesia. Adoramos a Dios cuando confiamos en él completamente, le amamos por encima de todo, le obedecemos de todo corazón, y le manifestamos una gratitud continua. ¡Todo lo que hagas para complacer a Dios es un acto de adoración! La adoración es el primer propósito de tu vida.

> *Toma tu vida cotidiana, la vida de todos los días*
> *—tu descanso, tus comidas, tu trabajo, y tus idas y*
> *venidas— y ponlas como una ofrenda ante Dios.*
>
> *Romanos 12:1 (PAR)*

Tus experiencias de adoración más profundas e íntimas probablemente ocurran en tus días más oscuros: cuando tu corazón esté destrozado, cuando te sientas abandonado, cuando ya no tengas opciones, cuando el dolor sea enorme, y cuando solo te quede recurrir a Dios.

La adoración más profunda es aquella en la que se alaba a Dios a pesar del dolor, se confía en él durante las dificultades, y se le ama cuando parece distante.

> *[El SEÑOR] se complace*
> *en los que lo adoran, en los*
> *que confían en su gran amor*
> *Salmo 147:11 (PAR)*

FUISTE HECHO
para LA FAMILIA DE DIOS

Su plan inmutable siempre ha sido
adoptarnos en su propia familia,
trayéndonos a él mediante Cristo
Jesús. Esto ha sido muy de su
agrado.

Efesios 1:5 (BAD)

DESDE EL PRINCIPIO DE LOS TIEMPOS, Dios siempre ha querido tener una familia. Toda la Biblia es la historia de Dios formando una familia para amarlo, honrarlo y reinar con él para siempre. Él quiere que te integres a esta familia: una familia que durará por la eternidad.

Hebreos 2:11 es un versículo espléndido:

Jesús y el pueblo que santificó
pertenecemos a la misma familia;
por lo tanto, Jesús no se avergüenza
de llamarnos hermanos y hermanas. (PAR)

¡Jesús nos llama sus hermanos y hermanas!
No solo nos llama a creer; nos invita a pertenecer, a formar parte de la familia de Dios.

Dios nos ha dado el privilegio

de nacer de nuevo, para poder pertenecer

a la propia familia de Dios.

Esta familia es la iglesia del Dios viviente,

el apoyo y fundamento de la verdad.

1 Pedro 1:3 (PAR)

¿CÓMO ES LA FAMILIA
DE DIOS?

¿DÓNDE PODEMOS ENCONTRARLA?

EL FUNDAMENTO

*U*N EDIFICIO SIN CIMIENTOS ni fundamentos se desmorona. Así también necesitas el apoyo de otras personas y un fundamento para mantenerte firme en tu andar con Dios. Encontrarás ese apoyo solidario cuando te unas a tus hermanos y hermanas en la iglesia de Cristo.

La iglesia, además de ser la familia de Dios, es el cuerpo de Cristo. Cuando te unes a la familia de Dios, también pasas a ser miembro del cuerpo de Cristo. En la familia de Dios estamos conectados con todos los demás creyentes y dependemos los unos de los otros.

El sentido de cada una de las partes lo da el cuerpo en su totalidad y no al contrario. Estamos hablando del cuerpo de Cristo formado por su pueblo elegido. Cada uno de nosotros encontramos nuestro sentido y función como parte de su cuerpo. Si somos un dedo de la mano o del pie cortados y sueltos, no servimos de mucho, ¿no? Romanos 12:4-5 (PAR)

La iglesia es un cuerpo, no es un negocio; es una familia, no una institución. Dios dice: «Te hice para que pertenecieras a mi familia».

A fin de que no haya división en el cuerpo, sino que sus miembros se preocupen por igual unos por otros. Si uno de los miembros sufre, los demás comparten su sufrimiento; y si uno de ellos recibe honor, los demás se alegran con él. Ahora bien, ustedes son el cuerpo de Cristo, y cada uno es miembro de ese cuerpo. 1 Corintios 12:25-27 (NVI)

Cuando te sientas desanimado, recuerda que no estás solo. Dios ha provisto una familia para apoyarte y animarte. Procura el sostén de tus hermanos y hermanas.

Cuanto más crezcas espiritualmente, más amarás a la iglesia y la atesorarás, porque Jesús murió por ella. Nada en la tierra es más valioso para Dios que su iglesia. Él pagó el precio más alto por ella; y la ama tanto que la Biblia la compara con una esposa amada.

Cristo amó a la iglesia y se entregó por ella para hacerla santa. Él la purificó, lavándola con agua mediante la palabra, para presentársela a sí mismo como una iglesia radiante, sin mancha ni arruga ni ninguna otra imperfección, sino santa e intachable. Efesios 5:25-27 (NVI)

Como un novio que se regocija por su novia, así tu Dios se regocijará por ti. Isaías 62:5 (NVI)

LA FAMILIA DE DIOS

AL IGUAL QUE EN CUALQUIER FAMILIA de este mundo, donde recibimos amor pero también brindamos amor, en la familia de Dios somos llamados a amar e interesarnos por los demás miembros.

En la Biblia se menciona cincuenta y ocho veces la frase «unos a otros» para enseñarnos cómo tratar a nuestros hermanos y hermanas en la familia de Dios.

Entre ellas se incluyen:

AMARNOS LOS UNOS A LOS OTROS

Queridos hermanos, ya que Dios nos ha amado así, también nosotros debemos amarnos los unos a los otros. 1 Juan 4:11 (NVI)

ANIMÉMONOS UNOS A OTROS

No dejemos de congregarnos, como acostumbran hacerlo algunos, sino animémonos unos a otros, y con mayor razón ahora que vemos que aquel día se acerca. Hebreos 10:25 (NVI)

❧ SÍRVANSE UNOS A OTROS

Sírvanse unos a otros con amor.   Gálatas 5:13 (NVI)

❧ OREN UNOS POR OTROS

Por eso, confiésense unos a otros sus pecados, y oren unos por otros, para que sean sanados. La oración del justo es poderosa y eficaz.

Santiago 5:16 (NVI)

Vivan en armonía los unos con los otros;

compartan penas y alegrías,

practiquen el amor fraternal,

sean compasivos y humildes.
1 Pedro 3:8 (NVI)

Pero si vivimos en la luz,

así como él está en la

luz, tenemos comunión

unos con otros, y la sangre

de su Hijo Jesucristo nos

limpia de todo pecado.

1 Juan 1:7 (NVI)

CUANDO FORMAMOS parte de la familia de Dios, amándonos y sirviéndonos, tenemos comunión unos con otros. La comunión es el segundo propósito de tu vida.

LA COMUNIÓN

La comunión verdadera requiere compromiso mutuo entre los creyentes, así como estamos comprometidos con Jesús.

En 1 Juan 3:16 leemos:

En esto conocemos lo que es el amor: en que Jesucristo entregó su vida por nosotros. Así también nosotros debemos entregar la vida por nuestros hermanos. (PAR)

No siempre es fácil entregarnos y ceder el primer lugar a otros; pero Dios nos pide que lo hagamos porque él ya lo hizo primero. Nos ama aunque no seamos perfectos, y el propósito que tiene para ti es que tú también hagas lo mismo. Jesús quiere que ames a personas reales, no ideales, porque las personas perfectas no existen.

CUANDO DEPOSITAMOS NUESTRA FE en Cristo, Dios se convierte en nuestro Padre; nosotros, en sus hijos; y los demás creyentes, en nuestros hermanos y hermanas. La familia de Dios está compuesta de todos los creyentes del pasado, del presente, y de todos lo que habrán de creer en el futuro.

Ya son ustedes ... miembros de la familia de Dios,
ciudadanos del país de Dios y
conciudadanos de los cristianos de todas partes.
Efesios 2:19 (BAD)

También nosotros, siendo muchos, formamos un solo cuerpo en Cristo, y cada miembro está unido a todos los demás.
Romanos 12:5 (NVI)

Haber sido incluido en la familia de Dios es el más alto honor y privilegio que jamás recibirás. No hay nada que se le parezca. Cuando creas que no eres importante, o pienses que nadie te quiere, o te sientas inseguro, recuerda a quién perteneces.

Un cristiano que no esté vinculado a una iglesia o comunidad es huérfano.

*Que el amor sea el
árbitro de sus vidas,
porque entonces la
iglesia permanecerá
unida en perfecta
armonía.*

Colosenses 3:14 (BAD)

Como Dios es amor, la lección más importante que quiere que aprendamos en esta tierra es cómo amar. Cuando amamos, somos más semejantes a él, porque el amor es el fundamento de todos los mandamientos que nos ha dado:

*Porque la ley se resume en este mandamiento:
«Amarás a tu prójimo como a ti mismo».*

Dios quiere que amemos a todos, pero está particularmente interesado en que aprendamos a amar a los miembros de su familia.

*Por lo tanto, siempre que tengamos
la oportunidad, hagamos bien a todos, y en
especial a los de la familia de la fe.*

Gálatas 6:10 (NVI)

*Ayúdense unos a otros
a llevar sus cargas, y
así cumplirán la ley de Cristo.*

Gálatas 6:2 (NVI)

FUISTE CREADO
para SER COMO CRISTO

Desde el mismo principio Dios decidió

que los que se acercaran a él

(y él sabía quiénes se abrían de acercar)

fueran como su Hijo,

para que él fuera el mayor entre muchos hermanos.

Romanos 8:29 (BAD)

*D*ESDE EL MISMO PRINCIPIO, el plan de Dios fue crearnos a semejanza de su Hijo Jesús. Este es nuestro destino y el tercer propósito de nuestra vida. Dios anunció su intención en la creación:

Entonces Dios dijo:

«Hagamos a los seres

humanos a nuestra imagen y

semejanza».

Génesis 1:26 (PAR)

Y Dios el Señor formó al hombre
del polvo de la tierra, y sopló en su nariz
hálito de vida, y el hombre
se convirtió en un ser viviente.

Génesis 2:7 (NVI)

Dios mismo nos creó con su aliento de vida.

La meta final de Dios para tu vida sobre la tierra no es la comodidad, sino el desarrollo de tu carácter. Él quiere que crezcas espiritualmente y llegues a ser como Cristo. Dios está mucho más interesado en lo que eres que en lo que haces, porque tu carácter te acompañará toda la eternidad, no así tu carrera profesional.

> *Adoptemos una manera enteramente nueva de vivir, una vida moldeada por Dios, una vida que, renovada desde dentro, forme parte de su conducta mientras Dios reproduce con toda precisión su carácter en ustedes.*
>
> *Efesios 4:22* (PAR)

La obra del Espíritu Santo consiste en reproducir el carácter de Cristo en nosotros. La Biblia dice:

En la medida en que el Espíritu de Señor opera en nosotros, nos parecemos más a él, reflejamos más su gloria.

2 Corintios 3:18 (BAD)

SI DIOS QUIERE QUE SEAMOS
más como Jesús, la pregunta obligada es:
«¿Cómo es Jesús?»

Encontramos una imagen perfecta de
Jesús en Gálatas 5:22-23:

En cambio, el fruto del Espíritu es amor,

    alegría, paz, paciencia, amabilidad,

bondad, fidelidad,

    humildad y dominio propio. (NVI)

Estas nueve cualidades nos describen un hermoso retrato de Jesucristo. Él es el perfecto amor, gozo, paz, paciencia, y todos los demás frutos incorporados en una sola persona. Tener el fruto del Espíritu es ser como Cristo.

¿CÓMO PRODUCE DIOS EN NOSOTROS EL CARÁCTER DE JESÚS? Solo voy caminando por la calle y de pronto… ¡estoy lleno de amor! O, voy a una conferencia, leo un libro, o escucho una grabación, y de golpe… ¡tengo paciencia de sobra! No, no hay tal cosa como la madurez espiritual instantánea.

La siguiente frase es una de las verdades espirituales más importantes que podrás llegar a aprender: ¡Dios desarrolla el carácter de Cristo en tu vida permitiéndote experimentar circunstancias en las que seas tentado, para producir exactamente la cualidad contraria! El desarrollo del carácter siempre involucra una elección, y la tentación proporciona esa oportunidad.

AMOR

Es fácil amar a las personas agradables. Dios nos enseña a amar de verdad poniéndonos personas desagradables a nuestro alrededor. No se requiere fuerza de voluntad para amar a las personas que son encantadoras y amorosas contigo.

> Queridos hijos, no amemos de palabra ni de labios para afuera, sino con hechos y de verdad. 1 Juan 3:18 (NVI)

GOZO

El gozo y la felicidad no son lo mismo. La felicidad depende de las circunstancias externas. El gozo es interior, a menudo a pesar de las circunstancias. Dios nos enseña el verdadero gozo cuando nos volvemos a él en medio de la tristeza o de la depresión.

> Hermanos míos, considérense muy dichosos cuando tengan que enfrentarse con diversas pruebas, pues ya saben que la prueba de su fe produce constancia. Santiago 1:2-3 (NVI)

PAZ

¿Dónde aprendemos a tener paz? ¿En un día de pesca en un hermoso arroyo? Cualquiera puede tener paz en ese entorno. Por el contrario, Dios permitirá días en que todo parezca salir mal, para que aprendamos a tener paz interior. En esos momentos, en medio de la tormenta, aprenderemos qué es la paz.

[Así dice el SEÑOR:] Cuando cruces las aguas, yo estaré contigo; cuando cruces los ríos, no te cubrirán sus aguas; cuando camines por el fuego, no te quemarás ni te abrasarán las llamas. Isaías 43:2 (NVI)

PACIENCIA

El plan de Dios para enseñarnos paciencia es bien obvio: nos hace esperar. Uno de los períodos más difíciles de la vida es cuando estamos apurados, pero Dios no lo está. Dios nunca tiene prisa y nunca llega tarde. Los tiempos de Dios son perfectos y quiere que aprendamos a confiar en él.

Sabiendo que la prueba de vuestra fe produce paciencia. Mas tenga la paciencia su obra completa, para que seáis perfectos y cabales, sin que os falte cosa alguna. Santiago 1:3-4 (RVR60)

UNA VEZ QUE COMPRENDAS QUE EL TERCER PROPÓSITO DE DIOS para tu vida es hacerte más como Cristo, la vida comenzará a tener sentido. Cuando atravesamos por circunstancias difíciles e inexplicables, sabemos que Dios las está usando para su propósito.

Ahora bien, sabemos que Dios dispone todas las cosas para el bien de quienes lo aman, los que han sido llamados de acuerdo con su propósito. Porque a los que Dios conoció de antemano, también los predestinó a ser transformados según la imagen de su Hijo. Romanos 8:28-29 (NVI)

Conforme Dios obra en nosotros para hacernos semejantes a su Hijo, nos hace atravesar por las luchas que Jesús enfrentó.

¿Hubo momentos en que Jesús se sintió solo? Sí.

¿Hubo momentos en que Jesús se cansó? Sí.

¿Hubo momentos en que no lo entendieron y lo criticaron injustamente? Sí.

¿Se preocupó Dios de Jesús y lo fortaleció durante todas estas pruebas? Sí.

Y hará lo mismo por ti.

La actitud de ustedes debe ser como la de Cristo Jesús. Filipenses 2:5 (NVI)

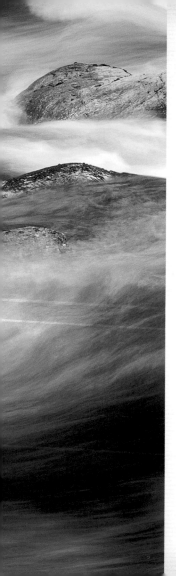

Cada vez que olvides que reproducir el carácter de Cristo es uno de los propósitos de Dios para tu vida, te sentirás frustrado por tus circunstancias. Te preguntarás: «¿Por qué me sucede esto a mí? ¿Por qué estoy pasando por tantas dificultades?» ¡Una respuesta es que la vida está hecha para ser difícil! Así como los torrentes de agua desgastan las asperezas de las rocas, Dios te está puliendo para la eternidad.

No importa las dificultades que atravieses, te ayudarán a crecer si respondes con la pregunta: «¿Qué quieres que aprenda, Padre?»

EL PROCESO QUE DIOS USA para que seamos como Jesús se llama *discipulado*.

La Biblia dice que «*todos llegaremos a la unidad de la fe y del conocimiento del Hijo de Dios, a una humanidad perfecta que se conforme a la plena estatura de Cristo*». Al final llegaremos a nuestro destino y seremos como Cristo, pero el viaje nos llevará toda la vida.

Esto continuará hasta que seamos ... maduros, así como Cristo es, y seamos completamente como él.
Efesios 4:13 (PAR)

Dios quiere que crezcamos

hasta ser en todo

como ... Cristo.
Efesios 4:15 (PAR)

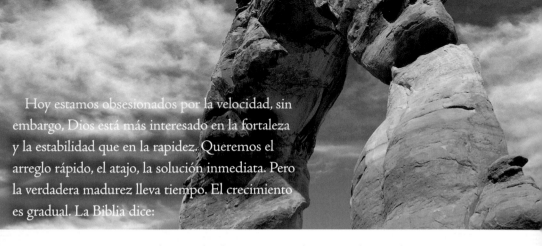

Hoy estamos obsesionados por la velocidad, sin embargo, Dios está más interesado en la fortaleza y la estabilidad que en la rapidez. Queremos el arreglo rápido, el atajo, la solución inmediata. Pero la verdadera madurez lleva tiempo. El crecimiento es gradual. La Biblia dice:

Nuestras vidas gradualmente se vuelven más luminosas y más hermosas mientras Dios entra en nuestras vidas y llegamos a ser como él.
2 Corintios 3:18 (PAR)

Dios no está apurado por hacerte como Jesús. En realidad, se tomará toda tu vida para moldearte. Nosotros tenemos prisa, pero Dios no.

A menudo nos desanimamos y pensamos: «No estoy creciendo. No estoy madurando suficientemente rápido». Dios ha prometido que nunca nos abandonará.

Estoy convencido de esto: el que comenzó tan buena obra en ustedes la irá perfeccionando hasta el día de Cristo Jesús.
Filipenses 1:6 (NVI)

¿POR QUÉ TOMA TANTO TIEMPO CAMBIAR, MEJORAR Y CRECER? Hay varios motivos: olvidamos lo aprendido y debemos volverlo a aprender; tenemos muchas ideas erróneas que desechar; tememos enfrentar con sinceridad la verdad acerca de nosotros mismos; el crecimiento suele ser doloroso y nos asusta; y, desarrollar hábitos piadosos lleva tiempo.

Las cosas que planeo no ocurrirán inmediatamente. Lentamente, con tranquilidad, pero con certeza, se acerca el tiempo en que la visión se cumplirá. Si parece muy lento, no desesperes, porque estas cosas tendrán que ocurrir. Ten paciencia. No se retrasarán ni un solo día.

Habacuc 2:3 (BAD)

¡No te desanimes ni te rindas! Recuerda cuánto has progresado, no solo cuánto te falta. No estás donde quieres, pero tampoco donde estabas. Tu Padre celestial no pretende que seas perfecto ni tampoco maduro para amarte. Te amará en todas las etapas de tu crecimiento.

FUISTE FORMADO *para* SERVIR A DIOS

Porque somos hechura de Dios, creados en Cristo Jesús

para buenas obras, las cuales Dios dispuso

de antemano a fin de que las pongamos en práctica.

Efesios 2:10 (NVI)

LA BIBLIA DICE que fuimos formados con cierta singularidad.

Tú fuiste quien formó todo mi cuerpo;

tú me formaste en el vientre de mi madre.

Salmo 139:13 (DHH)

FORMACIÓN ESPIRITUAL – Son los dones espirituales que el Espíritu Santo nos ha dado para ayudar a los demás miembros de la familia de Dios.

OPORTUNIDADES – Aquellas cosas que nos apasionan, que sentimos de corazón, que usamos para dar gloria a Dios.

RECURSOS – Los talentos naturales con los que nacimos.

MI PERSONALIDAD – Tu singularidad, lo que te diferencia de todos los demás.

ANTECEDENTES – Las experiencias, las situaciones y circunstancias con las que te has enfrentado y que ahora te permiten comprender a los demás.

Dios diseñó cada característica de estos cinco factores con el propósito de prepararte para su servicio.

Antes de formarte
　　en el vientre; ya te
　　había elegido; antes
　de que nacieras,
　　ya te había apartado.

Jeremías 1:5

NO ESTÁS SOBRE ESTA TIERRA para respirar, comer, ocupar espacio y pasarla bien. Dios te diseñó y formó para que tu aporte en la vida fuera único. Estás aquí para dar algo a cambio, no solo para consumir; estás para añadir vida a la tierra, no para quitársela. Dios te diseñó para que hicieras una diferencia con tu vida. El servicio a Dios y a los demás es el cuarto propósito de tu vida.

No eres salvo por el servicio, pero has sido salvo para servir. En el reino de Dios tienes un lugar, un propósito, un papel que desempeñar y una función que cumplir. Esto le da a tu vida un gran significado y valor.

Él es quién nos salvó y escogió

para su obra santa, no porque lo merecíamos

sino porque estaba en su plan.

2 Timoteo 1:9 (BAD)

*L*AS EXPERIENCIAS son algunas de las cosas más importantes que Dios usa con el propósito de moldearnos para su servicio. Dios usa cinco tipos de experiencias:

- ❧ Familiares – la interacción con los padres, hijos, cónyuges y todos nuestros parientes.
- ❧ Vocacionales – todo lo que hemos aprendido trabajando, desde las habilidades prácticas hasta el relacionarnos con los demás.
- ❧ Educacionales – los aprendizajes en el curso de nuestra vida, desde la escuela elemental hasta el descubrimiento continuo como adultos.
- ❧ Espirituales – aquellos momentos especiales de increíble comunión con Dios, cuando descubrimos algo nuevo acerca de él o de nosotros en relación con él.

Pero fundamentalmente:

- ❧ Las experiencias dolorosas – las frustraciones, las penas y las tristezas, que nos obligan a apoyarnos en Dios y a comprender de corazón los dolores de los demás.

Las experiencias dolorosas son difíciles de comprender. Preguntamos a Dios: «¿Por qué a mí?» Porque…

Yo estoy contigo; eso es todo lo que necesitas. Mi poder se muestra mejor en los débiles.

2 Corintios 12:9 (BAD)

- ¿Quién mejor que los padres de un niño discapacitado para ayudar a los padres de otro niño discapacitado?
- ¿Quién mejor que alguien que haya pasado por un divorcio para ayudar a alguien que está atravesando por uno?
- ¿Quién mejor que alguien que ha luchado contra el alcoholismo para ayudar a un alcohólico?

A menudo, el peor problema de tu vida, lo que menos te gusta de ti o de tus circunstancias, las cosas que más te apenan o las que más te avergüenzan, son las herramientas más poderosas que Dios puede usar para bendecir, animar y ministrar a otros. Dios quiere usar tus debilidades, no solo tus fortalezas.

Solo estamos completamente vivos cuando ayudamos
a otros. Jesús dijo:

Si insistes en salvar tu vida, la perderás.
Solo aquellos que dan sus vidas por mi causa
y por la causa de las buenas nuevas siempre
conocerán lo que esto significa en la vida realmente.

Marcos 8:35 (PAR)

¿POR QUÉ QUIERE DIOS usar tus debilidades? Porque de ese modo él recibe toda la gloria. Si Dios usara tus fortalezas, otros podrían mirarte y sentir envidia (¿Por qué no tengo yo ese talento?) o desanimarse (¡Nunca podré hacer eso!). Pero cuando ven a Dios usándote a pesar de tus debilidades, eso les infunde esperanza. Piensan: «¡Dios también podría usarme a mí!» Tus debilidades no son un accidente. Dios deliberadamente las permitió en tu vida con el propósito de demostrar su poder a través de ti.

Pablo escribió:

Por eso me regocijo en debilidades,

insultos, privaciones, persecuciones y dificultades que

sufro por Cristo; porque cuando

soy débil, entonces soy fuerte.

2 Corintios 12:10 (NVI)

NADIE MÁS TIENE LA F.O.R.M.A. única que Dios te ha dado. ¡Solo tú puedes ser tú mismo! Tu ministerio consiste en usar tus dones espirituales, tus intereses, tus habilidades, tu personalidad y tus experiencias para beneficio de los demás. El ministerio, o el servicio, es el cuarto propósito de tu vida.

A cada uno se le da una manifestación especial del Espíritu para el bien de los demás.

1 Corintios 12:7 (NVI)

Tienes docenas de habilidades y dones escondidos que no conoces porque nunca los has puesto a prueba. Así que te exhorto a que hagas cosas que nunca antes has hecho. Hasta que realmente no te involucres en el servicio, no sabrás para qué eres bueno.

También nosotros, siendo muchos, formamos un solo cuerpo en Cristo, y cada miembro miembro está unido a todos los demás.

Romanos 12:5 (NVI)

Satanás tratará de robarte el gozo del servicio tentándote para que compares tu ministerio con el de otros, y tentándote para que conformes tu ministerio a las expectativas ajenas. Ambas son trampas mortales que te distraerán de servir en las maneras en que Dios quiere que lo hagas.

La Biblia nos advierte que nunca debemos compararnos con otros:

*Cada cual examine su propia conducta;
y si tiene algo de qué presumir,
que no se compare con nadie.*
Gálatas 6:4 (NVI)

El secreto del servicio fructífero y la realización personal es ministrar de manera congruente con la personalidad que Dios te dio. ¡Dios quiere que seas tú mismo! El servicio que más se adapte a tu «forma», te permitirá dar lo mejor de ti.

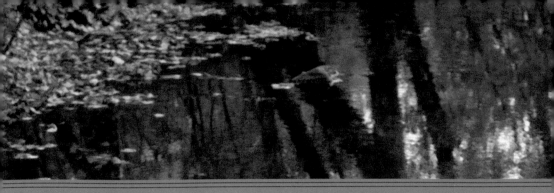

FUISTE HECHO
para UNA MISIÓN

Jesús oró al Padre:

*Así como me diste una misión
en el mundo,
también yo se las di a ellos.*
Juan 17:18 (PAR)

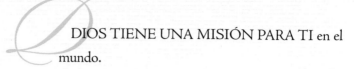

DIOS TIENE UNA MISIÓN PARA TI en el mundo.

En Cristo, Dios estaba reconciliando al mundo consigo mismo,
no tomándole en cuenta sus pecados y encargándonos a nosotros
el mensaje de la reconciliación. Así que somos embajadores de Cristo.
2 Corintios 5:19-20 (NVI)

Si quieres la bendición y el poder de Dios en tu vida, debes interesarte por aquello que más le interesa a Dios. La mayor preocupación del corazón de Dios es que sus hijos perdidos se vuelvan a él.

Considero que mi vida carece de valor para mí mismo, con tal
de que termine mi carrera y lleve a cabo el servicio que me ha
encomendado el Señor Jesús, que es el de dar testimonio del evangelio
de la gracia de Dios. *Hechos 20:24* (NVI)

¡Nuestra misión en la tierra es ser embajadores de Dios! Dios ama tanto a la gente que nos ha enviado como sus representantes ante quienes todavía no lo conocen. Esta es tu misión en el mundo.

Dios te creó para que tuvieras un ministerio en la iglesia y una misión en el mundo. ¡Ambas cosas son importantes! Cumplir tu misión en el mundo se llama evangelización. Este es el quinto propósito de tu vida.

Después de integrarte a la familia de Dios, tu misión es transmitir a otros las buenas nuevas acerca de Jesús y los cinco propósitos de nuestra vida.

Por medio de él [Cristo],

y en honor a su nombre,

recibimos el don

apostólico para persuadir

a todas las naciones

que obedezcan a la fe.

Romanos 1:5 (NVI)

VIDA ETERNA

No es que el Señor se tarde en cumplir su promesa,

como algunos suponen, sino que tiene

paciencia con ustedes, pues no quiere

que nadie muera, sino que todos

se vuelvan a Dios.

2 Pedro 3:9 (DHH)

Porque tanto amó Dios al
mundo, que dio a su Hijo
unigénito, para que todo el
que cree en él no se pierda,
sino que tenga vida eterna.

Juan 3:16 (NVI)

MI PADRE FUE ministro por más de cincuenta años, sirviendo la mayoría del tiempo en pequeñas iglesias rurales. Era un simple predicador, pero era un hombre con una misión. Su actividad favorita era llevar equipos de voluntarios al extranjero para construir templos destinados a congregaciones pequeñas. En el transcurso de su vida, mi papá construyó más de ciento cincuenta iglesias alrededor del mundo. En 1999 mi padre murió de cáncer. La última semana de su vida la enfermedad lo mantuvo despierto en un estado semi-conciente cerca de veinticuatro horas al día. Mientras soñaba, hablaba en voz alta lo que había visto. Sentado a su lado, aprendí mucho acerca de él con solo oír sus sueños. Él revivió cada uno de los proyectos de construcción de las iglesias que había llevado a cabo, uno tras otro.

Una noche cercana a su final, mientras mi esposa, mi sobrina y yo estábamos a su lado, de repente papá comenzó a moverse y a tratar de salir de la cama. Por supuesto, estaba muy débil y mi esposa insistió en que debía quedarse acostado. Pero él persistía en tratar de levantarse de la cama, así que mi esposa finalmente le preguntó: «Jimmy, ¿qué estas tratando de hacer?» Él contestó: «¡Voy a salvar a uno más para Cristo!» «¡Voy a salvar a uno más para Cristo!»

«¡Voy a salvar a uno más para Cristo!» Y comenzó a repetir la frase una y otra vez.

Durante una hora, pronunció la frase tal vez unas cien veces. «¡Voy a salvar uno más para Cristo!» Yo estaba sentado en su cama con lágrimas en mis mejillas, bajé mi cabeza para dar gracias a Dios por la fe de mi padre. En aquel momento papá me tocó, puso su mano frágil en mi cabeza y dijo como si me estuviera dando una orden: «¡Salva a uno más para Cristo! ¡Salva a uno más para Cristo!»

Quiero hacer de esto el tema del resto de mi vida. Así que te invito a considerarlo como algo especial para tu vida, porque nada hará mayor diferencia en la eternidad. ¡Él quiere hallar a sus hijos perdidos! Nada le importa más; la cruz lo comprueba. Oro que siempre veas dónde puedes alcanzar a «uno más para Cristo» de modo que cuando estés ante Dios un día, puedas decir: «¡Misión cumplida!»

El fruto de la justicia

es árbol de vida;

y el que gana almas es sabio.

Proverbios 11:30 <small>(PAR)</small>

Quienes creen en el

Hijo de Dios, tienen el testimonio

de Dios en ellos.
1 Juan 5:10 (PAR)

Dios te ha provisto de un mensaje de vida. Tu mensaje de vida tiene cuatro partes:

Tu *testimonio*: la historia de cómo comenzaste tu relación con Jesús.

Tus *lecciones de vida*: las lecciones más importantes que Dios te ha enseñado.

Tus *pasiones divinas*: las obras para las cuales Dios te ha moldeado y que más te importan.

Las *buenas nuevas*: el mensaje de salvación.

¡DIOS TE CREÓ para que tuvieras una vida con propósito!

Los cinco propósitos de tu vida son:

1. LA ADORACIÓN: ¡Fuiste planeado para agradar a Dios!

El fin de este asunto es que ya se ha escuchado todo. Teme, pues, a Dios y cumple sus mandamientos, porque esto es todo para el hombre.

Eclesiastés 12:13 (NVI)

2. LA COMUNIÓN: ¡Fuiste hecho para la familia de Dios!

Él, porque así lo quizo, nos dio vidas nuevas a través de las verdades de su Santa Palabra y nos convirtió, por así decirlo, en los primeros hijos de su nueva familia.

Santiago 1:18 (BAD)

3. EL DISCIPULADO: ¡Fuiste creado para ser como Cristo!

Porque a los que Dios conoció de antemano, también los predestinó a ser transformados según la imagen de su Hijo, para que él sea el primogénito entre muchos hermanos.

Romanos 8:29 (NVI)

4. EL MINISTERIO: ¡Fuiste formado para servir a Dios!

Porque somos hechura de Dios, creados en Cristo Jesús para buenas obras, las cuales Dios dispuso de antemano a fin de que las pongamos en práctica.

Efesios 2:10 (NVI)

5. LA EVANGELIZACIÓN: ¡Fuiste hecho para una misión!

Por tanto, vayan y hagan discípulos de todas las naciones, bautizándolos en el nombre del Padre y del Hijo y del Espíritu Santo, enseñándoles a obedecer todo lo que les he mandado a ustedes. Y les aseguro que estaré con ustedes siempre, hasta el fin del mundo.

Mateo 28:19-20 (NVI)

Hace muchos años, me llamó la atención una pequeña frase de Hechos 13:36, que cambió el rumbo de mi vida:

David, después de servir a su propia generación conforme al propósito de Dios, murió.
Hechos 13:36 (NVI)

Al fin entendí por qué Dios llamó a David «un hombre conforme a mi corazón». David dedicó su vida a cumplir los propósitos de Dios en la tierra. ¡No hay epitafio más grande que este! Imagínatelo grabado en tu lápida: ¡Sirvió conforme al propósito de Dios en su generación! Mi oración es que, cuando mueras, las personas sean capaces de decir esto acerca de ti. Ese es el motivo por el que escribí este libro.

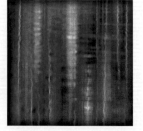

No importa qué edad tengas, lo que te queda de vida pueden ser los mejores años de tu vida si hoy comienzas a vivir con propósito.

UNA ORACIÓN QUE CAMBIA VIDAS

Padre, lo que más quiero es vivir para ti y cumplir los cinco propósitos para los que me has creado.

Quiero vivir para complacerte, y que mi vida sea una vida de adoración.

Quiero ser un instrumento para cultivar la comunión en tu familia, la iglesia.

Quiero ser como Jesús, en pensamiento, sentimientos y acciones.

Quiero usar la forma que me has dado para ministrar a otros creyentes en el cuerpo de Cristo.

Quiero cumplir mi misión en el mundo testificando a otros de tu amor. Ayúdame a salvar a uno más para Cristo. Ayúdame a transmitir el mensaje de tus propósitos a otros.

Querido Señor, quiero servir a mi generación conforme a tus propósitos para que un día pueda escucharte decir: «¡Hiciste bien, siervo bueno y fiel!»

En el nombre de Jesús,

Amén.

BIBLIOGRAFÍA

Texto basado en *Una Vida con Propósito*,
  Copyright ©2003 por Rick Warren,
  Editorial Vida, Miami , Florida.

Las Escrituras Bíblicas fueron tomadas:

BAD   Biblia al Día, Sociedad Bíblica Internacional.
LBLA   Biblia de las Américas, Fundación Lockman.
DHH   Dios Habla Hoy, Sociedades Bíblicas Unidas.
NVI   Nueva Versión Internacional, Sociedad Bíblica Internacional.
RVR60   Reina Valera 1960, Sociedades Bíblicas Unidas.
BLS   Biblia en Lenguaje Sencillo, Sociedades Bíblicas Unidas.
PAR   Paráfrasis de diferentes versiones bíblicas.